アスレティックトレーナーが教える
ケガに強くなる！
運動遊び

アスとれ総合型クラブ
花輪和志・大﨑恵介

いかだ社

スポーツドクターのことば　4
はじめに　5

目次

第1章
"運動遊び"でからだの土台作り！

基礎体力って何だろう？……………8
基礎体力不足の子ども達……………9
からだの土台作り……………10
新体力テストからわかること……………11
自分のからだをコントロールする力……………14
子どもの運動習慣……………18
特定のスポーツだけする子ども達……………27
運動遊びの特性と効果……………33

Column 1　子どもの体力低下の原因は大人の都合？　36

第2章　実践編1
かっこいい姿勢を身につける！

立っている時の「静かな姿勢」……………38
　姿勢チェック（アライメントチェック）
　姿勢維持に必要な柔軟性
　柔軟性チェック　肩関節／手首／股関節／足首
からだの連動性を見る「動きの姿勢」……………44
　動きの姿勢チェック　体支持持続時間／開眼片足立ち／
　シングルレッグ・スクワット／オーバーヘッドスクワット

Column 2　おしゃれの代償　48

第3章　実践編2
遊びながらトレーニング！

動物遊び……………50
　　ひよこ／クモ／タイガー／ナマケモノ／とかげ／カニ／
　　アザラシ／オタマジャクシ／ダンゴムシ／尺取り虫／アメンボ

ボール遊び……………58
　　風船／新聞紙／ボール

ボールの投げ方……………67

対人遊び……………69
　　ミラー遊び／手押し相撲／足押し相撲／タオル相撲／ケンケン相撲

鬼ごっこ……………74
　　背中タッチ鬼／みんなで背中タッチ鬼／じゃんけん鬼／
　　ことろことろ／突破鬼／ネズミとネコ／氷鬼／ところてん鬼／
　　巴鬼／スポーツ鬼ごっこ

Column 3　ケガをするのも経験のうち？　84

第4章　実践編3
明日のためのトレーニング

年代に合ったトレーニングを！……………86
　　腹式呼吸／タオルギャザー／ケンケン／雑巾がけ／背面キャッチ／
　　逆立ち（壁倒立）／ニー・ベント・ウォーク／バックペダル／
　　スキップ／フロントプランク／
　　股関節の運動（レッグローテーション）／
　　肩関節の運動（スパイン・エンジェル）／
　　反応速度トレーニング（ペンキャッチ）

Column 4　身体能力の低いアスリート?!　93

おわりに　94

スポーツドクターのことば

　スポーツドクターとして開業医の立場から見ると、多くの小学生・中学生において体が出来上がっていない状態で無理をしてスポーツ障害が発生しています。小学生に高校生や大人と同じように筋トレをさせたり強い負荷をかけた繰り返しの運動をさせたりした結果と考えられます。体の成長は、神経・筋肉・骨等の成長の早さや成熟度が違うことを知ることが大事です。身長の伸び率のピークは12〜13歳ですが、骨の成熟としての成長軟骨の閉鎖の時期はその後になります。このことから、幼少期にはより早期に成熟している神経系の連絡を良くするために動き作りの運動が薦められ、その後柔軟性や持久力の向上を図り、骨端線が閉鎖してからパワー作りのため負荷をかけた運動が望ましいといわれています。この時期を間違えると骨端症や骨端線障害などのスポーツ障害が多く発生していると考えられています。

　多くの子供に運動の楽しさを知ってもらうとともに、その後の専門的な運動に継げるための体作りのひとつの方法が本書には書かれています。本書が多くの父母やスポーツ指導者に利用されることで、このようなスポーツ障害の発生を減らすとともに、元来子供たちが持っている運動のパフォーマンスを十分に発揮できるようになることを望みます。

医療法人こうの会　こうの整形外科
河野秀樹

はじめに

　私は、アスレティックトレーナーとして、10年以上スポーツの現場で選手のからだを管理し、からだの正しい使い方を指導しています。
　自分の小学校時代を思い返すと、学校から家に戻るとランドセルを玄関に投げ捨て、夕方の鐘がなるまで公園や学校のグラウンドを走り回って、さまざまな遊びをしていました。そこには年齢や性別に関係なく子ども達が集まり、どんな遊びをするのかを話し合い、みんなが楽しめるような新しいルールを考え、おもしろい遊びを作り、大勢の友達と遊んでいました。時にはケンカもしましたが、いつも仲間達と遊んでいたことを懐かしく思います。
　近年トレーナーとして、多くのアスリートにかかわっていく中で、違和感を感じることがありました。それは若手選手の基礎筋力不足、からだの機能異常などです。専門技術指導者の発展に伴い、各スポーツの技術は格段に上手くなってきていますが、からだのベースとなる体力部分が低下しており、自分のからだを上手にコントロールできず、ケガをするケースが多くみられ問題となっていたのです。それが引き金になり才能豊かな有望選手がリタイヤしていくケースもあります。
　話を聞いてみると、驚く事に、幼少期における多様な動作経験の不足が、あらゆるアスリートの共通点としてあげられました。
　私は多様な動作経験は、さまざまな「運動遊び」を通じて習得していくものだと考えています。誰にも強制されず、自由気ままに自分の楽しみたいように、からだを動かす。少し危ないことに挑戦してみたり、自分の限界を試してみたりと、その過程の中で経験できる動作は、1つのスポーツを行うだけではまかなうことができません。
　スポーツ先進国アメリカでは、スポーツをシーズン制で種目を選択し実施することができるケースも多く、多種目を経験していく中で、競技力だけでなく、土台となる基礎体力を身につけ、高めていきます。その

結果、複数種目からプロへの道が開かれ、自分で選択できるレベルの選手まで育成されてきています。

　この本では、学校の体育の時間や休み時間、自宅でできるいろいろな運動遊びを紹介しています。トレーナーの視点で、からだの動きのチェック方法や正しいからだの使い方を習得する遊びを始め、専門的なエクササイズも盛り込んでいます。加えて子どもの体力の分析など、トレーナーとして培ってきた知識と経験を活かしたものばかりです。
　子ども達が、運動遊びを通して上手なからだの動きを身につけ、ケガをしない、ケガに強いからだ作りをしてください。
　ぜひ、「運動遊び」を子ども達と一緒に楽しんでみてください！

アスとれ総合型クラブ
代表　花輪和志

第 1 章
"運動遊び"で からだの土台作り！

ケガをしない、ケガに強い子どものからだ作りのために、
「基礎」「機能」「技術」の３つの要素からなる、
体力のピラミッドを見ながら
子どものからだに対する理解を深めましょう！

```
         ▲
        ╱ ╲
       ╱専門╲
      ╱ 技術 ╲
     ╱────────╲       ┐
    ╱  機能的  ╲       │
   ╱   運動    ╲      │ 基礎
  ╱──────────────╲    │ 体力
 ╱   基礎的運動   ╲   │
╱──────────────────╲  ┘
```

体力のピラミッド

基礎体力って何だろう？

　小学校でおこなう「新体力テスト」で計測している「体力」とは、いわゆる「基礎体力」（p7体力のピラミッド参照）のことです。英語ではフィットネス（Fitness）とも呼ばれ、筋力や持久力、柔軟性やバランス能力といった、からだを動かす際に必要な根本的な能力の総称です。スポーツをする時はもちろん、普段の生活でも必要となる文字通り「基礎」となる体力であるため、この体力の向上は、子どもの発育発達を促すためのいわば土台の役割を担っています。

　基礎体力は、基礎的運動と機能的運動に分けることができます。「新体力テスト」で主に計測している部分は、この基礎的運動・機能的運動の部分にあたります。

基礎的運動…立つ・回る・ねる・バランスをとるなどの「姿勢制御運動」や、歩く・走る・跳ぶなどの「移動運動」が含まれます。

機能的運動…投げる・蹴る・打つなど、からだのそれぞれの部分を連動させたり、ものに合わせたりといった、より複雑で高度な動きが含まれます。

専門技術…サッカーや野球などの各種目の専門的な技術。競技レベルが上がるにつれて、求められる技術も、難易度も上がってきます。

基礎体力不足の子ども達

　土台である基礎体力の部分がしっかりしていないと、いざスポーツを始めても、なかなか技術は身に付きません。しかしジュニアスポーツの現状を見てみると、勝負や結果にこだわるあまりに、この部分をおろそかにして専門技術だけを指導する指導者も少なくないのです。

　学校の体育の授業では、機能的運動以上の内容を行うため、基礎体力が未熟なまま学年が上がっていくと、難しい技術やその応用といったものを習っていく段階で、授業内容についてこられない子どもが出てきてしまいます。そうなるとからだを動かすことがますます苦手になったり、技術だけを学ぶためにケガをしたりしてしまいます。

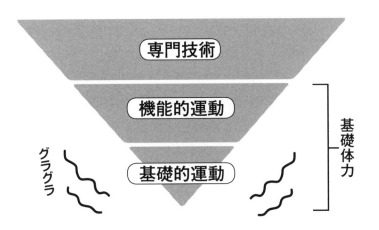

土台がないと、不安定なピラミッドになってしまう！

からだの土台作り

まずは基礎体力から！

　低い姿勢を作るのに「腰を下げて低く構えろ！」と指導される指導者は多いでしょう。けれども、そもそも足首の柔軟性に乏しければその構えはできません。その足首が曲がらない状態で仮に「腰が下がった」としても、からだのバランスが悪く、結局、次の動作につながりません。ぜひ足首の柔軟性テスト（第２章）でチェックしてみてください。

　トップアスリートも基礎体力は決しておろそかにしません。土台がしっかりしていないと、良いパフォーマンスが発揮できないのを知っているからです。実はテレビに映らないところで、この基礎体力のコンディションを整えるために、試合前３時間もかけて、入念にストレッチなどのウォーミングアップに努めていることも珍しくありません。

ストレスにも強くなる！

　基礎体力には、病気などからからだを守る「防衛体力」という要素も含まれます。基礎体力が低い場合には、気候やさまざまなストレスに対する耐性が低くなり、健康的な生活を過ごしにくくなる場合もあります。

　このようなケースを予防するためにも、子どもの頃から基礎体力を高めておくことが、健全な発育、発達を促すために必要なことなのです。

からだの土台作りの優先順位！
①基盤となる筋肉・柔軟性・バランス能力などを鍛える。
②動きに対応してからだを切り返すアジリティ（俊敏性）や、瞬発的に力が出せるようにするパワーを身に付ける。
③それぞれの競技で必要な専門的技術や体力を身に付ける。

新体力テストからわかること

最近の子どもの体力

　文部科学省の実施している「新体力テスト」の結果を、1998年より開始された同テスト（旧スポーツテスト）の年次推移で見ていくと、実はこの17年間で子ども達の体力は横ばい、または向上傾向が見られます（図1）。

　小学生の男子（11歳）を見てみると、「ボール投げ」や「握力」で低下傾向が見られ、上半身の筋力不足を見て取れますが、女子ではほぼ全ての項目において、向上傾向にあり、総合得点も上昇していることを考えると近年は、子ども達の体力は上がっているのです。

図1　新体力テスト施行後（平成10〜26年度）の体力・運動能力の推移

小学生（11歳）	男子	女子
握力	↓低下	＝横ばい
上体起こし	↑向上	↑向上
長座体前屈	＝横ばい	↑向上
反復横とび	↑向上	↑向上
20mシャトルラン	↑向上	↑向上
50m走	↑向上	↑向上
立ち幅とび	↓低下	＝横ばい
ボール投げ	↓低下	＝横ばい
合計点	↑向上	↑向上

文部科学省（2015）青少年の体力・運動能力の現状より作図

昔の子どもの体力

　最近の子ども達と親の世代である30年前（昭和61年）の子ども達の体力を比較するとどうでしょうか。親世代と比べると、明らかに体力は低下しています。現在に入ってようやく回復傾向になってきましたが依然として低い水準であることがわかります（**図2**）。

　低下している体力に比べ、体格は？　というと、身長と体重は、逆に親世代より上回っています。

　スポーツの世界では「体格が大きい＝有利」ということが多いのですが、現在の子ども達はそのメリットを充分に生かしているとは言えないのです。むしろ体格が大きいにも関わらず、親世代と比べて体力に差が見られると言うことは非常に深刻な問題ではないでしょうか。自分のからだをコントロールする（使いこなす）事ができなくなってきているように思います。

図2　体力テストの年次推移（小学校）

＊図中の破線は、昭和60年の水準を示しています。
＊立ち幅とびと体力合計点は、テスト項目変更のためデータは、平成10年度以降を示しています。
＊●は新体力テストの結果（平成10年～）〇はスポーツテストの結果（昭和39年～平成10年まで実施）

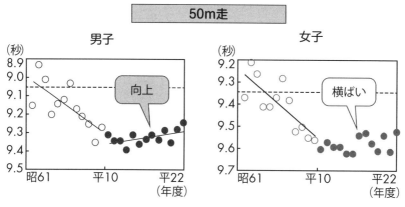

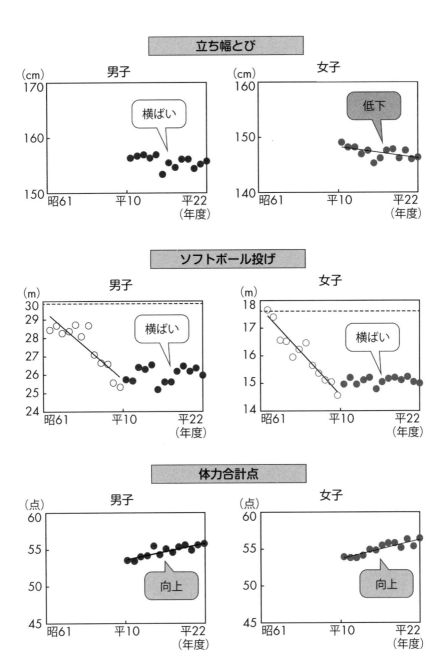

文部科学省（2012）子どもの体力向上のための取組ハンドブックより作図

自分のからだを
コントロールする力

スキップできない子ども達

　子ども達の動きを見て「なんかこの子の動きおかしいなぁ？」と思った経験はありませんか？　スキップをさせれば、手と足をふり出すタイミングが少しずれていたり、ケンケンをさせれば、リズム良く跳んでいなかったり…。

　単純に過去と現在の体力テストの平均結果を比較しても、その差はわずかなものです。図２で紹介したように50ｍ走では男女ともわずか0.3秒程しか違いません。ソフトボール投げでは約３ｍの差。しかし体力テストの結果以上に体力が低下してきていると思ってしまうのはなぜでしょうか？　その理由の１つは、動きの「質」＝「からだを使いこなす力」が発達しきれていないことに原因があるのです。

動きの質を意識してみる！

　子どもの頃の体力テストの結果は、からだの大きさに左右される部分もあります。理論上、身長が高ければ、歩幅が伸びて走るのも速くなります。腕が長ければその分、ボールを遠くに投げることができます。しかし中には、大きなからだをもてあましてしまったり、逆にからだの小ささを上手く使うことでカバーできている子もいます。

　つまり、からだ全体をどのように動かしているかを見ることで、体力テストの結果を評価する事も重要になってきます。例えば反復横跳びの場合は、からだの中心にある軸をうまく保てないとバランスが崩れてしまい、切り返しの動作が遅くなってしまいます。からだの中心にある軸をうまく保つことで力が発揮しやすくなり、バランス能力も向上します。

切り返しの動作…切り返す際に、バランスを崩していないだろうか？
（**図3**）バランスが崩れなければスコアは上がります。
跳動作…図のように足を後ろに振り上げていないか？（**図4**）
　一見高く跳んでいるように見えますが、力は地面に伝わらず、後ろの方向に逃げてしまうので効率的ではありません。図4のような動作はアニメや漫画のキャラクターに多く見られるジャンプ動作です。より高く跳んでいるように見せるために、このように描かれているのだと思います。

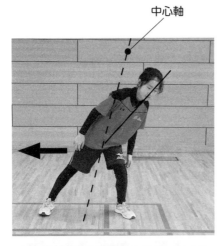

図3　体幹がブレてしまう
　　　反復横跳びの例
矢印の方向に切り返したいが、中心軸が保てずに反対側に倒れてしまっている。

図4　よくあるジャンプ動作の例
　上には跳ばずに、足を曲げているだけ。

動きを身に付けてケガも予防

　からだを上手くコントロールすることはケガの予防にもつながります。
　遊んでいる時は予期せぬ転倒や衝突、時にはボールなど物が飛んでくることもあるでしょう。この時に防御や回避動作がとっさに行えるかは、自分のからだをコントロールできるかがとても重要になってきます。
　日本スポーツ振興センターのデータによると、今の小学生は顔面に受けるケガが多くなってきているそうです。これはとっさにからだを動かして危険を回避する能力の低下、すなわち転倒時や物が飛んできた時に受け身をとったり、手を出して身を守る体勢をとれないことが原因の1つとして考えられます。昔であれば遊びの中で自然に習得してきたものですが、遊びが少なくなってきているため、その動きを身に付けることが難しくなってきているのです。

経験で習得する投動作

　動作の中でも特に習得しづらいのが、投能力（投げる力）です。これは後天的に習得する動作で、投げる動作に関わる類似の運動を経験する機会がドッジボールや野球などに限定されているため発達しにくいのです。
　以前は、投げるのが上手な子を見て真似してみたり、自分で投球動作を修正してみたり工夫もしました。めんこ遊びやコマ回しなど、腕を振って遊ぶ機会もありました。けれども今は、そもそもボールを使って遊ぶ場所も機会も減っているので、仕方がない事かもしれません。投動作が未発達のまま大人になる人も多くなってきています。

図5 投動作のパターン

日本体育協会HP　動作の発達段階の特徴より作図

良い投げ方

　①投げる方向に対してからだが横を向く。

　②反対側の足で大きく踏み出す。

　③からだの回転を使ってボールを投げる。

悪い投げ方

　①投げる方向に正対している。

　②投げる手と同側の足を踏み出している。

　③腕の力だけで投げている。

　現代の子ども達は、高学年になっても、このような投げ方をする子が、少なくないのです！

子どもの運動習慣

運動しない子ども達

　体力の低下のそもそもの原因は子ども達の運動量の偏りからきていると考えられています。「2極化傾向」と言って、運動をする子としない子で極端にわかれる傾向が問題視されています（**図6**）。1週間の総運動時間が60分未満の児童が男子では10.5％、女子では24.2％と女子で顕著に差が表れています。これは学校で行う体育の時間は含まれていないため、授業以外でからだを動かすことがほとんど無いことになります。この傾向は年齢が上がるにつれてさらに顕著に出てくることがわかっていて、女子中学生では総運動時間が300時間前後の中間層が激減し、代わりに60分未満の子が30％以上にも上ることがわかりました。

図6　1週間の総運動時間の分布（小学校）

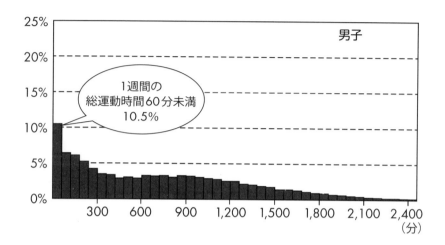

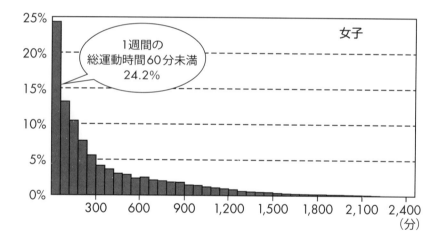

文部科学省（2012）　子どもの体力向上のための取組ハンドブックより作図

1日に必要な運動時間

　ではどれくらいの量の運動が必要かというと、世界保健機関（WHO）をはじめとする多くの先進国で、1日60分以上の運動をすることが奨められています。日本でも日本体育協会が出している「子どもの身体活動ガイドライン」では1日あたり60分程度の運動をすることを推奨しています。いわばこの60分が世界基準として考えられているのです。

　図7は1週間の総運動時間が420分（1日あたり60分）以上の郡と、それ以下の郡の2つにわけて体力テストの合計点の分布を示しています。運動する時間が1日あたり60分以上の子ども達は図の右側、要するに点数の高い方に分布していることが一目でわかります。この60分を基準に生活習慣との関連で見ていくと、「よく運動する子」は睡眠時間が長く、毎日朝食を食べる、テレビの視聴時間が短いなどの傾向も明らかになっています。

図7　1週間の総運動時間と体力合計点との関係

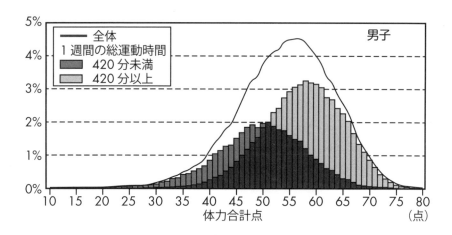

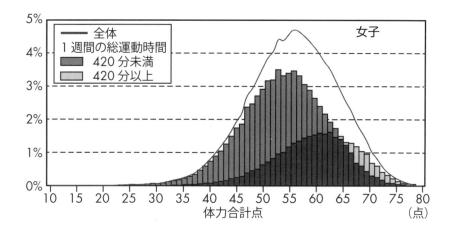

文部科学省（2012年）子どもの体力向上のための取組ハンドブックより作図

運動遊びは子どもの成長に不可欠！

　子どもが運動不足になった原因として環境の変化があげられます。「サンマ（三間）」の変化と言われるように、遊ぶ「空間」「時間」「仲間」は以前とは異なっています。そのため子どもたちが運動遊びを楽しめる環境をあえて整えていくことが重要になってきます。

　第3章から紹介する運動遊びを学校や自宅で、意識的に実践していく中で、子ども達はからだを動かすことに楽しさを感じるようになり、運動に対する自発性が育まれていくでしょう。その前にまずは、運動遊びがどのように心とからだの成長を手助けするかをここで整理したいと思います。

①年齢に応じた身体の発達を促す

　年齢に応じて身体部分の発達量が異なります。6～12歳は脳や神経系の発達が著しく、この時期にいろいろな動きを経験することで神経系の能力が著しく高まると言われています。特に9～12歳頃にかけては、運動技術の基礎を作るためにとても重要な年代で、「ゴールデンエイジ」と呼ばれ、新しい動きを何度か見ただけで、すぐに自分のものにできる能力「即座の習得」があります。正しい動作を身に付けるには最適なタイミングなのです。

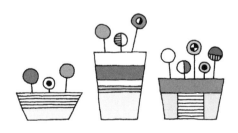

②正しい動作が、からだを守る

　6歳からは、正しい動作を身に付けるには最適な時期で、さまざまなスポーツや運動を経験していくことが大切です。一般的に「コーディネーション能力」とも言われ、自分のからだを上手にコントロールできるようにもなります。

　この頃の運動経験が少ないと、転んだ時に、とっさに手が出なかったり、物を避けたり、急に止まったりする反応スピードが遅くなったりします。リズムよく物事を進めるための能力も期待できなくなります。日常生活の中でも危険から自分のからだを守っていく能力が低くなってしまいます。俊敏な動きを習得することで、危険から身を守ることができるようになります。

③子どもの運動嫌いをなくす！

　運動が苦手な子は比較的、何事にも消極的になりがちな傾向があります。運動遊びをすることで得られる爽快感や楽しさ、悔しさや頑張る気持ちなどは、普段の生活の中では得ることができません。貴重な運動遊びの機会を奪ってしまうと、その結果もっと体力は低下します。まわりの友達とも差がついてしまい「自分は、運動ができないんだ…」と劣等感さえ感じてしまう子もいるでしょう。こうなるともう運動はしたくなくなります。

　運動ができない劣等感から「運動音痴」を理由に運動をしない大人をよく見ます。それはこのような負の連鎖が引き起こした結果なのかもしれません。子どもの頃に、より多くの運動する機会を増やし、楽しい経験ができれば「運動音痴」を理由に運動が嫌いになる人もいなくなるはずです。

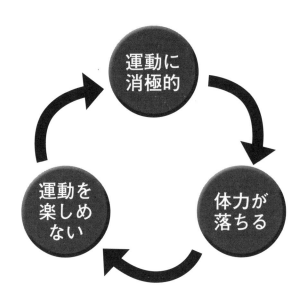

④「楽しい！」は心の成長を助ける！

　からだを動かすことが好きな子は、遊びに夢中になり、時間を忘れてからだを動かし続けます。競い合うことも好きで、多少難しいことでも進んでチャレンジしていきます。

　遊びの中でさまざまな運動経験をしていくので、自然と身のこなしもうまくなります。このような子はからだを動かすこと自体が大好きになり、運動やスポーツを生涯にわたって継続していくこともわかってきています。

　そのため子どもの頃はとにかく「楽しい！」という感情が芽生えるような運動遊びをどんどん経験することをお勧めします！　からだ作りはもちろん、心の成長にとっても重要になってきます。

スポーツしているから大丈夫…？

　読者の皆様の中にはスポーツも習っているし、体力テストの結果も悪くないから「うちの子は大丈夫！」と思う方もいらっしゃると思いますが、実は運動のやり過ぎによる体力の偏りが原因の問題も起こってきています。特にサッカーや野球などのスポーツで特定の場所に負荷がかかるスポーツを週に何度も行っている子に起こる問題です。次項で詳しく説明しますが、例えば、からだの使い過ぎ（オーバーユース）によるケガや同一動作の繰り返しにより起こるからだのアンバランスで、本来持っているべき機能が損なわれてしまうことがあるのです。スポーツスクールに通っているから安心！　ということはないのです。その理由を次のページから見ていきましょう。

特定のスポーツだけする子ども達

からだのゆがみとケガ

　スポーツは人気の習い事の1つですね。その種類もさまざまです。週に何度も練習を行ない、練習以外でも週末に試合が重なるとほぼ毎日のようにスポーツ活動に励むところも少なくはありません。サッカーのクラブチームでは小学生で年間300試合以上をこなすところもあるそうです。

　1週間の総運動時間が1200分を越えている子も多くいます。これは1日約3時間の運動を毎日行なっている計算になります。これらの子ども達は、おそらくスポーツチームやクラブに入って定期的に活動している子ども達でしょう。

　「うちの子は小さい頃からスポーツをやっているから、からだが丈夫です！」と思われる方も多いと思いますが、実はそこに落とし穴があります。「スポーツ」はいわば組織化された運動遊びであり、それぞれのスポーツには「動作の特異性」があります。サッカーであれば蹴る動作を中心とした下半身の動きが多くあり、野球であれば1方向の回旋運動（投動作・スイング動作など）が多くなります。

　特定のスポーツだけをする子ども達においては、技術的なトレーニングの発展に伴い、幼少期から特異的な動きを繰り返しているため、特定の部分が発達し、からだのゆがみが生じる場合があるのです。1つの動きにとらわれない運動遊びと違ってからだのバランスが崩れてしまい、からだに異変が起こってしまう可能性が高まります。

からだの使い過ぎによるケガ

　成長期のからだは、まだとても不安定で未熟です。骨の急激な成長が起こりからだは大きくなります。骨の急激な成長に筋肉がついていけず、筋肉が縮んだまま運動を繰り返してしまうのです。その状態で運動を続けると筋肉と骨の付着部に大きな負担がかかってしまいます。

　長期間、局所的な負担をかけ続けると「オーバーユース障害」という「からだの使い過ぎ」によるケガがおこってしまいます。慢性的な機能障害で、同じ動作を継続的に繰り返すことにより発生します。

　オーバーユースの状態になると、
　①動作の動き始めで痛みが出る
　②続けてプレーしていると少しずつ痛みが強くなっていく
という特徴があります。痛みを我慢して練習することもできますが、無理して練習しているとどんどん悪化していきます。

　オーバーユースの時は、その部分をしっかり休ませることで治ります。運動遊びを通じたからだ作りは、各部位の負担を軽減させます。1つのスポーツだけをする「運動遊びのない」運動習慣はケガを助長してしまう可能性が高いのです。

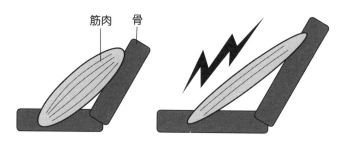

骨の成長に、筋肉の成長が追いつかなくなってしまう！

成長期の障害の代表例
- **オスグッド病**…足を頻繁に使うスポーツで、成長段階にある骨が筋肉に引っ張られ、骨と筋肉との付着部に痛みが出ます。
- **野球肘**…未熟なフォームで投げ続け、同じ動作を繰り返す事で、肘に痛みが起こります。
- **疲労骨折**…走り過ぎなど、繰り返しかかる小さな負荷によって生じる骨の異常。骨に小さなひびが入ったり、骨折したりします。

全身をバランス良く鍛えよう！

　からだのバランスが崩れることによるケガもあります。前述したようにスポーツには競技の特異性があります。そのためそれぞれのスポーツによって鍛えられる部分が異なってきます。例えばプロ野球選手とプロサッカー選手を見比べるとなんとなくからだつきの違いが分かるでしょう。それはそれぞれの選手がその競技に適したからだになっているのです。

　もちろん子ども達も、1つのスポーツをやればそれにからだが順応していくため、競技に伴った発達が起こります。

　ただ、最近の子ども達は、からだの一部分は発達しているのに他の部分が全くと言っていいほど未熟な子をよく見かけます。特に上半身の未熟さが目に止まります。サッカーであれば、下半身はしっかりしているけど、上半身がヒョロヒョロっとしていて背中が丸まっていて力強さがなかったり、野球であれば重いバットは思いっきり振れるけど腕や肩の力がほとんどなく、自分のからだを支えることができない子もいます。重い道具を使いこなさなければならないスポーツをしている子でも「壁での逆立ち」（第4章参照）ができない子どもが大半です。上半身の筋力は自分のからだを支えるだけでなく、サッカーのようなコンタクトスポーツでは他の人に当たられた時にバランスを保つためにも必要になります。

　運動とは本来は全身で行なわなければいけません。陸上短距離のウサイン・ボルト選手も見ての通り上半身もムキムキです。サッカーの長友選手も体幹トレーニングを積極的に取り入れるなど全身を鍛えることでプレーの質を上げているのです。他の競技の海外のトップアスリートをみてもバランスよく鍛えられています。

急がば回れ！

　筋肉の発達のバランスが崩れると、動きもぎこちなくなります。発達している部分の筋肉をよく使ってプレーするためムダな動きも多くなり、全体の力強さがなくなります。一生懸命に時間をかけて身につけた技術を試合で生かすことも難しくなります。もちろんそれが原因でケガもします。

　これではせっかくスポーツをしていても「もったいないからだ」になってしまいます。1つのことをやり続けることは素晴らしいことかもしれませんが、あくまでもバランスを保った状態を作ることを忘れてはいけません。

　まずはベースとなる基礎的運動があり、機能的な動きを習得したうえでスポーツ技術を頂点に乗せていくことが1番の近道だと考えます。トップアスリートになるほど土台の部分がしっかりと完成されているのです。

心の疲労

　1週間に何時間もスポーツをしている子どものほとんどは、競技的（勝つため）にスポーツをやっている子ども達が多いでしょう。彼らの目的は試合に勝つことであり、そのために必死に練習を重ねている事と思います。

　このような子ども達は、常に競争のある環境に置かれています。試合中はもちろん、練習でも、レギュラーを取るためにチーム内での競争もあります。

　競争をして「勝つ」ことはスポーツの大きな魅力の1つです。しかしそこに価値を置きすぎるのはよくありません。スポーツはずっと勝ち続けることはできません。むしろ負けることの方が圧倒的に多いのです。その中で人としての評価をスポーツの成績と強く結びつけてしまうと、負けた時に「自分はダメな人間なんだ！」と全てを否定してしまうことにつながります。

　スポーツ心理学者の見解として、小さい頃から1つのスポーツをひたすらしている子は、**ドロップアウト**（スポーツ活動を止める）することが多くなると言われています。本来であれば、競技スポーツを長年行ってきた成人アスリートに起こるものですが、最近は子ども達の間でもこの現象が多く起こるほど心がとても疲れている子が増えているのだと思います。

　たくさんのスポーツに触れて、からだを動かす楽しさを経験していれば（内発的な動機づけがされていれば）、自分に合うスポーツを選ぶこともできますし、あえて競技的にやらないで楽しむだけのスポーツ活動を続ける選択肢もできます。

　子ども達がよりスポーツ（運動）を楽しめるよう「**一勝ではなく、一生**」に目を向けた大人達のアプローチが今求められています。

運動遊びの特性と効果

　運動遊びはすべての子ども達のからだの土台作りのために有効なアプローチです。第3章以降は子ども達のための楽しく取り組める運動遊びを紹介していきます。そのためにまずは運動遊びの特性と効果を理解しましょう。

①動きの多様性

　子ども達の遊びは非常に多種多様です。実践編でも紹介する鬼ごっこを例にとると、鬼ごっこは単純に走るだけではなく、緩急をつける、しゃがむ、跳ぶ、くぐる、登る、よける、すり抜けるなど動きの多様性に富んでいます。加えて、地形を利用して先回りする予測能力や集団で鬼ごっこを行っているときに味方同士で連携して、戦略的に「追う、逃げる」動作を行う協調能力などスポーツの基礎となる要素が多いのも特徴です。私達のクラブでは毎回鬼ごっこから始まるのですが、これは子ども達に最も人気の高い遊びの1つです。

②発達年代に応じた遊び

　遊びはルールを少しアレンジするだけで難易度も調整できます。体格差のある子ども達や、異年齢で遊ぶ子ども達にはハンディキャップを設けてみるのも良いでしょう。他にもグループ分けを調整することで、遊びの中の競争により緊張感を持たせることができ、子ども達はより一層遊びに惹きつけられます。そうすると子ども達の間で自然とコミュニケーションが生まれてきます。

③からだを動かす楽しさを体験

　運動遊びは楽しむことを目的としていながらも身体活動量を増やして、あらゆる部位を効果的に刺激することができます。また仲間と一緒に遊ぶことで社会性も育まれます。

　本来運動遊びとは子ども達が気ままにからだを動かすことを指します。そのモチベーションの根源はただ単純に「楽しい」から行なうという非常にシンプルなものです。それには決まった遊びの形はありません。運動効果を考えることも大切ですが、まずはからだを目一杯動かして「楽しい」と思えることが１番大切なのです。

④いつでも、どこでも、誰とでも！

　第３章で紹介する運動遊びには、応用方法を示してありますが、形にこだわらずに環境（場所、時間、人数）によって自分達なりのアレンジを加えてみるのも良いでしょう。

　例えば「動物遊び」では体育の授業前の柔軟や体幹トレーニングとしても活用できます。リレーなどで競争させればそれだけでかなりの運動量になります。また教室内であれば、動物の動きは移動速度が遅くなるので鬼ごっこ形式でも安全に遊ぶことができます。そのうち子ども達から「こんなルールで遊びたい！」という案も出てくるでしょう。そうしたらチャンスです。子ども達の想像にまかせてどんどん遊びを展開していくことができます。

　遊びは特別な道具を必要としません。紹介するボール遊びでも「風船」や「新聞紙」に代替することで安全で安心して遊ぶことができます。「ミニテニス」もピンポン球と下じきがあれば家の中でも立派なミニテニスとして楽しく遊ぶことができます。力の差があればハンデとして下じきの代わりに雑誌をラケットにすることもできます。どんなものが使えるか親子で考えてみると、コミュニケーションも増えて仲も深まります。

この本ではこのような運動遊びの特性と効果に目をむけながら、楽しく触れあいながらできる遊び、集団遊び、またはトレーニング的な要素を加えた競争できる遊びを紹介していきます。どの遊びも私たちがトレーナーとして子ども達を現場で見てきた中で体力向上の必要性を感じた経験を元に作っています。親子で、友達同士で、または自分自身と競争し、対話しながら楽しく実践していただけたらと思います。

第1章　"運動遊び"でからだの土台作り！

Column 1　子どもの体力低下の原因は大人の都合？

「跳び箱に手をつくだけで骨折する子や、転んだときにとっさに手をつくことができずに顔から転んでしまう子ども達が最近増えてきている。」こんなニュースを聞くと「本当に？」と違和感を覚える方も多いと思いますが、実際現場で指導をしているとそういう声を聞いたりすることもあります。私達のクラブでも「雑巾がけ競争」をさせてみたところ、腕の力が無く、足との連携が上手くとれないことで顔からつぶれてしまう子が多くいます。聞いてみると最近では小学校でも雑巾がけで掃除を行なわずに、効率的なモップがけで掃除するそうです。

また、放課後、子どもたちに校庭開放していない小学校の話をよく聞きます。何か事故が起こった際の管理責任が問われるとの理由だそうです。「じゃあ公園で遊ぼう！」と思うと『危険なボール遊び』は禁止という看板があり、人気の高いサッカーや野球、そしてその他の球技も全般的に禁止されています。加えて、相次ぐ遊具の事故によりほとんど遊具が消えてしまっている公園さえもあります。

これらの変化の原因には全て理由があるのは確かです。それぞれの立場の理由もよくわかります。

しかし、それがいきすぎてしまうと子どもたちにとって大切な遊びがなくなるため、からだは強くなりません。心だって鍛えられません！　子どもの体力の向上のためにはまずは、大人が変わっていかなければいけないのかもしれません。

体力向上のための「環境づくり」が必須だと思います。

第2章
実践編1
かっこいい姿勢を身につける！

姿勢とは「体の構え」「勢いのある姿」のことです。
からだを動かすためには
正しい姿勢を覚えることが重要になります。
ここではまず運動の基本となる、立っている時の
「正しい静かな姿勢」（静的姿勢）と
「柔軟性」を確認してみましょう。
そしてそれらを複合的に使う、動いている時の
「動きの姿勢」（動的姿勢）も確認してみましょう。

立っている時の「静かな姿勢」

　正しい姿勢を身に付けることは、からだ作りの基礎です。
　スポーツでは関節の可動域（動く範囲）が広がり、からだへの力の伝わり具合がよくなり、パフォーマンス全体がよくなります。逆に姿勢が悪いと、関節の可動域がなくなり、力強さもなくなるので、パフォーマンスが落ちるだけではなく、ケガをする可能性も高くなってしまいます。
　普段の生活でも正しい姿勢でいられると歩いたり、座ったりする時に疲れにくくなりますし、なにより見た目がかっこいいですね！
　姿勢は意識しないとどんどん悪くなる一方です。成長期に悪い姿勢のままにしてしまうと、大人になってもそのクセは抜けません。大人になってから悪い姿勢を修正することは難しいものです。姿勢が悪くなると、それに伴って腕や足といった四肢にも影響が及びます。例えば足の指が地面につかない「浮き指」の状態になってしまうのもその１つです。
　人間のからだはすごいことに、ある部分の姿勢が崩れていても（例えば頭が右にずれていても）他の部分を曲げることで（左肩を下げることで）その人にとっての「まっすぐな状態」を作り上げてしまいます。姿勢はいわば生活習慣の鏡といえるでしょう。大人の方も是非一緒に確認してみましょう。デスクワークが多い方などは特に注意してみてください。姿勢が崩れてしまっている可能性が高くなっています。運動の成果を見比べる１つの指標としても覚えておくと良いでしょう。

姿勢チェック（アライメントチェック）

　右ページの写真のように、中心線の通っている位置が、からだのランドマーク（中心）にあるかを確認しましょう。正しい姿勢は見ていてとても美しく、バランスよくからだを動かす事ができます。

● 立っている時の正しい姿勢

正面から見る ランドマークの位置 両足の中間点、へそ、 鼻を結ぶ垂直線	背面から見る ランドマークの位置 両足の中間点〜垂直線	側面から見る ランドマークの位置 くるぶしの少し前から 肩、耳までの垂直線
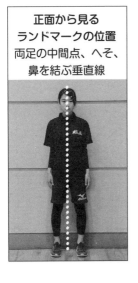	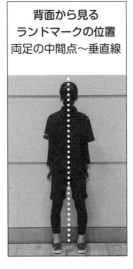	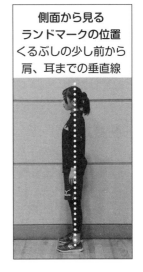

● 悪い姿勢

　上半身と下半身のバランスの悪さが気になります。

①肩が水平ではない ②体がねじれてる ③頭が傾いている ④足が少し開いている	猫背	胸の張りすぎ （「気をつけ」の時は こうなりがちなので 注意する）

姿勢維持に必要な柔軟性

　筋肉は使いすぎても、使わなすぎても硬くなってしまいます。硬いまま筋肉を放置してしまうと筋肉が骨を引っ張ってしまい、悪い姿勢を作り出す原因にもなってしまいます。正しい姿勢を作ろうと胸を張ろうとしても、胸の筋肉（大胸筋・小胸筋）などが硬いままでは正しい姿勢は作れません。

　この後に説明する「動きの姿勢」にも柔軟性は非常に重要です。からだを目一杯使った「木登り」遊びでは「あの枝に手をかければ上に行ける！」と思っても、肩関節が硬くて手を伸ばせないと上へは行けません。無理に伸ばそうとするとバランスが崩れてしまい木から落ちてしまいます。これはスポーツであればなおさら必要なもので、トップアスリートが魅せるしなやかで力強い、そして無駄のない動きは日頃からしっかりと管理され、高められた柔軟性の賜物です。

柔軟性チェック

　ここで紹介するテストは「肩関節」、「手首」、「股関節」、「足首」の４つです。スポーツを多く行っている子どもは柔軟性のバランスも悪くなりがちなため、柔らかい部位と硬い部位をしっかり把握しましょう。単一的な動作の繰り返しで、からだの一部分に局所的な負荷がかかってしまいます。サッカーや陸上競技では足が、野球や水泳では肩関節が硬くなっている可能性が大いにあります。利き手、利き足ばかり使ってしまう場合が多いので、柔軟性は必ず左右差を確認しましょう。また成長期は骨の急激な成長も起こるため、筋肉が縮んでしまいがちです。こうなるとパフォーマンスが下がるばかりか、ケガにもつながってしまうため、定期的に確認をしておくことをお勧めします。

●肩関節の柔軟性チェック

両腕を耳の真横を通って、まっすぐ上にあげることはできますか？

```
肩が柔軟だと…
・腕が耳の横を通って
まっすぐ上がる。
```

```
肩が固いと…
①腕が耳より前までしか上がらない。
②腕が曲がったまましか上げられない。
```

●手首の柔軟性チェック

手首を上下に曲げてみましょう。
上側にも下側にも90度曲がりますか？

・手首が柔軟だと90度曲がる。

● 股関節の柔軟性チェック

体を前に曲げてみましょう。
膝を曲げずに、両手は床につきますか？

股関節が柔軟だと…
・股関節から体が曲がって手が床に届く。

股関節が固いと…
①胸から曲がっていて股関節が十分に曲がっていない。
②膝が曲がっている。
③手が床に届かない。

●足首の柔軟性チェック

両手を前にして、腰を落としてみましょう。
きちんと座ることができますか？

足首が柔軟だと…
・足を閉じた状態で深く座れる。

足首が固いと…
①かかとが上がってしまう。
②膝の間が開いてしまう。
③深く座れない。
　バランスが崩れて倒れてしまう。

からだの連動性を見る「動きの姿勢」

　動くということはからだのバランスを移動させることです。歩く時は片足立ちになり、前に重心を置くことで前進します。しゃがむ動きも、飛ぶ動きも1度はバランスを移動し、その中でバランスを保ちながら動いていきます。これができないと素早く動きたい時にバランスの立て直しができず、力強い動きができません。

　バランスが大きく崩れてしまうと転倒や衝突も多くなってしまいます。からだが自由に動かせるようになるためには、動きの中でしっかりと自分のからだをコントロールする力が不可欠です。対人スポーツであれば駆け引きをしながら相手は必死で自分のバランスを崩してきます。その時にしっかりと反応できる強いからだである必要性は言うまでもありません。

動きの姿勢チェック

　「動きの姿勢」のチェックではからだの連動性を見ていきます。これは前述の「静かな姿勢」と「柔軟性」に支えられてできる複合的なテストです。簡単そうに見えて案外難しいもので、からだに硬い部分や弱い部分があるとなかなかできません。できなくても悲観的になることはありません。第3章で紹介する遊びを通じて基礎体力を改善するための一つの指標ぐらいに考えてください。子どもによっては遊んだ後にこれらのテストが簡単にできてしまう子も出てきます。逆に成長とともにできなくなってくる子もいます。定期的に行ってからだの状態を確認してみましょう。

●腕でからだを支えられますか？

（体支持持続時間）

バランスが良いと…
・からだが揺れずに支えられる。
バランスが悪いと…
・からだが持ち上がらない。
・止まっていられない。

目指せ60秒！

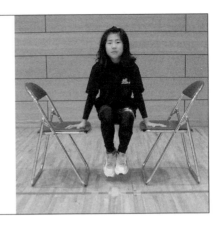

●片足立ちはできますか？

（開眼片足立ち）

バランスが良いと…
・体が揺れずに立っていられる。
・腰の高さより上で膝をキープできる。
・背筋が伸びている。

目指せ120秒！

バランスが悪いと…
①フラフラしている。
②膝の高さをキープして立っていられない。
③親指が踏ん張っていない（地面についていない）。
④背中が丸まっている。

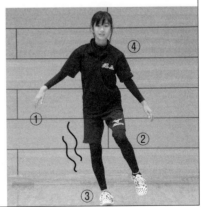

● 右手（左手）で左足（右足）のつま先にタッチできますか？
（シングルレッグ・スクワット）

バランスが良いと…
・つま先にタッチできる。
・まっすぐからだが下りてこられている。

**左右を代えて
タッチしてみよう！**

バランスが悪いと…
① つま先にタッチできない（写真ではできている）。
② 膝とつま先の向きがまっすぐにならない。
③ 浮いている足が横に流れてバランスを取っている（ねじれてしまう）。

● 棒を持ったまま、しゃがむことができますか？
（オーバーヘッドスクワット）

バランスが良いと…
・まっすぐ下がることができる。

バランスが悪いと…
①腕が前に出てしまう（左右差も出る）。
②棒が水平を保てない。
③膝とつま先の向きがまっすぐにならない。
④踵が上がってしまう。
⑤深くしゃがめない。
⑥肘が曲がる。

Column2 おしゃれの代償　女の子が気をつけたい何気ない姿勢

　最近は小学生や幼児でも、かかとがつま先より高くなっているハイヒールのような靴を履いている子をよく見かけます。確かに可愛く見えるかもしれませんが、からだに大きな負荷がかかっているのも事実です。ヒールが高くなるとつま先に重心がかかり、からだのバランスが崩れます。歩き方もおかしくなり、靴の支持面積も減ってしまうので非常に不安定な姿勢です。この姿勢のまま動くとからだの成長にも悪影響を及ぼすのは言うまでもありません。

　女の子のよくおこなう姿勢で言えば、「トンビ座り」も気をつけてください。膝を必要以上に内側に入れるクセをつけてしまうと、膝の内側に負担がかかる動きが身についてしまい、大人になった時にケガをしやすいからだになってしまいます。成長期の大事な時期、健全な発育発達を意識して生活してみてください。

第3章
実践編2
遊びながらトレーニング！

子どもの運動にとって何より大切なことは
「楽しさ」があることです。
この大切な部分が欠けてしまうと継続はできません。
この章では運動遊びを
「動物遊び」「ボール遊び」「対人遊び」「鬼ごっこ」の
4つにわけました。
発達年代や子ども達の興味を見ながら
現場にあった運動遊びを実践してみてください。

動物遊び

　ここでは動きの多様性に注目して「動物」の真似をする遊びを紹介します。

　普段私たちは布団から「起きる」ことから始まり、「歩く」「座る」など1日の中でさまざまな動きをします。しかし、よく見てみるとその動きの数は限定されてしまうことが多く、例えば「這う」動きや「転がる」といった動きはなかなか普段の生活ではすることがありません。

　動物の動きは日常生活では体験できない動きが多いのが特長です。加えて、からだ全体を使って動くものが多く、その動きの多くは各関節の柔軟性やからだを支えるための筋力が必要になります。また、しなやかに動かすためにはからだを自由に操るためのコーディネーション能力が必要とされます。つまり動物の動きの中には基礎体力を育むための要素がたくさん入っているのです。

　動物の動きは子ども達がイメージしやすく真似をしやすいのも利点です。中には子どもにとっては少し大変な動きになるものもあると思いますが、できないことをあえて楽しみながら、まずはみんなで動きのモノマネを楽しんでください。できるようであれば「応用」を参考にしてゲームに発展させましょう。スポーツをしている子どもにとっては全身が鍛えられる非常に良いトレーニングにもなりますので、ウォーミングアップや練習の合間に是非取り入れてください！

●「ひよこ」になってみよう！

くるぶしをつかんでしゃがみます。お尻を上げないようにして前に進みます。

Point お尻を高く上げずに、左右にからだを振りながら進もう！

応用
- 押し合って相撲をしてみましょう。手を離したり、お尻をついたら負けです。大勢でやっても盛り上がります。
- 大勢でおしくらまんじゅうをしてみてもいいでしょう。ぶつかりあう中でスキンシップも育めます。

●「クモ」になってみよう！

座った状態から手を後ろに回してお尻を上げます。この格好で前に進みます。手と足を引きずらないようにしましょう。

Point
- 肩甲骨をしっかり寄せよう！
- お尻を上げてリズム良く手足を動かして進もう！
- 顎を引いて行おう！

応用

前向きだけではなく、横向きや後ろ向きで移動もできます。さまざまな方向で競争してみましょう。

● 「タイガー」になってみよう！

　四つん這いになって軽く膝を上げます。右手（左手）を出すのと同時に反対の足を前に出して進みます。お尻を高く上げないように進もう！

　Point 　お尻と背中の高さを変えないで、手足を細かく、速く動かそう！

　応用

　雑巾掛けで競争してみるのも良いでしょう。足と手をそれぞれ雑巾の上に乗せるとなかなか進まず難易度が増します。

● 「ナマケモノ」になってみよう！

　仰向けになって手と足を伸ばして地面から上げます。手足を上げたままゆっくりと回転しましょう。仰向けとうつ伏せの状態からそれぞれ左右に回転してみましょう。

　Point 　手足は地面につけないぞ！　ゆっくりやってみよう！

　応用
- 息を合わせて大勢でいっせいにひっくり返ってみるのも楽しいです。
- 縦に1列に並び、下の人が上の人の足を手で持って、一緒にひっくり返ってみるのも面白いでしょう。

● 「とかげ」になってみよう！

　腕立て伏せの最初の状態から右手（左手）を出します。それと同時に左足（右足）を左手（右手）の外側に持ってきます。リズムよく進んでいきましょう。

Point　お尻の高さが変わらないように気をつけよう。

応用

　後ろ向きにも進んでみよう！

● 「カニ」になってみよう！

　肩幅より少し大きく足を開きます。腰の高さを変えないように横向きで進みます。

Point
- 目線の高さを変えないように進もう。
- 足を引きずらないように進もう！
- 歩幅は小さくテンポ良く！

応用

　鬼ごっこで遊んでみるとステップワークの改善につながります。前に進む時は体の向きを90度回転するので普段と違った移動を楽しめます。

● 「アザラシ」になってみよう！
　うつ伏せになります。肘を伸ばしたまま手をつき、手だけで進みます。
Point　●膝は伸ばしたまま。
　　　　　●肘はしっかり伸ばそう！　後ろ向きにも進んでみよう！
　　　　　●お腹に力を入れよう！

応用
●お腹を地面から上げると負荷が上がります（下図）。
●足を中心に円を描くように手を動かして回るのも楽しいでしょう。

● 「オタマジャクシ」になってみよう！
　うつ伏せになり手を後ろに組みます。足を股関節から曲げ、足で地面を蹴って進みます。
Point　●拇指球で地面を蹴り進もう！
　　　　　●左右の足を交互に使って進もう！

応用
　裸足になって行ってみると地面を蹴る感覚がよくわかります。足の指を開いてつかむように進んでみましょう。

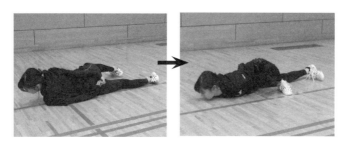

● 「ダンゴムシ」になってみよう！

　体操座りをします。そのまま後ろへ転がり、また元の位置に戻ってきます。

Point
- ●顎を引いて行おう。
- ●最初は手の反動を使って起き上がるのも良いでしょう。
- ●全身を上手く使おう！

応用
- ●慣れてきたら体操座りではなく、足だけをついた状態で起き上がってみよう！
- ●「じゃん・けん・ぽん」のリズムに合わせて起き上がりながら、じゃんけんをしてみるのも良いでしょう。
- ●前後だけではなく、回転も入れて行うとさらに楽しくなるでしょう。

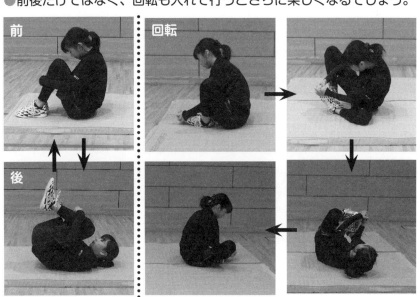

● 「尺取り虫」になってみよう！

　腕立て伏せの状態から膝を伸ばしたまま足を手に近づけていきます。1番上までできたら、今度は手だけを動かして、最初の状態に戻りながら進んでいきます。

Point
　●膝は伸ばしたままで脚の後ろ側をストレッチするように行おう。
　●最初のポジションの時はお腹が落ちすぎないように気をつけよう。

応用

足を開いてやってみよう。

● 「アメンボ」になってみよう！
　雑巾の上に手と足を乗せ、円を描きながら進みます。円を大きくすると負荷が大きくなります。

Point
- 乾いた雑巾の方がやりやすいぞ！
- 両手両足で円を描くのが難しい人は、前後に動かしながら進んでいこう！

応用
　円を描きながら進んでみよう。平泳ぎのように動くと進みやすいぞ！

ボール遊び

　道具が使えるようになる能力も基礎体力を高める上で非常に重要です。特にボールを操作する基礎的な能力を高めることであらゆる球技やボール遊びに応用できるため、子どものうちからボールに慣れ親しんでおくと良いでしょう。

　ボール遊びといっても、使用するものは風船や新聞紙を丸めて作ったものから始めると、ぶつかっても痛くないし、ボールのおもしろい動きに合わせて楽しく遊ぶことができると思います。

　ボールは「投げる動作」と「受ける動作」の2つの動作に分けることができます。

　ここではまず「受ける動作」を考えてみたいと思います。「受ける動作」を身に付けることで、ボールを上手に扱うことができるようになります。

　ボールを操作する上で必要な能力は3つあります。
① ボールの軌道をイメージする能力
② からだをボールまで移動する能力
③ 力を調整して捉える能力

まずはボールがどこに飛んでくるのか予測することから始まります。ボールの方向や速さなどの情報から、どの辺りにボールが行くのかをイメージします（①）。
　次にそのボールに合わせて、からだを予測した場所まで移動させます（②）。ボールによってはバウンドしたり、不規則に動くものもあるので、それに合わせられるリズム感覚も重要になってきます。また最初の予測がズレた場合には自分の動くスピードを調整しながら移動する能力も必要です。これらの①と②の能力は「空間認知能力」とも呼ばれます。
　実際には①をイメージしながら②を同時進行で行ってボールを受ける準備をします。
　そして最後に捉える能力です（③）。ここで言う捉える能力とはボールを捕る、止める、打つ、弾くといった具合に向かってきたボールを自分の意図するように操作する能力のことを示します。ボールの形状はさまざまで、例えばラグビーボールのような楕円形のものでは、捕る手の形を変えて構えなければいけません。またスピードに合わせてボールをつかむ力を変えたりと、一瞬のうちで動きの微調整を行います。
　どの球技もこれらの能力が基礎となっているので、この３つをまずは遊びながら養っていきましょう。ボールを「受ける動作」は経験を積んでいくことが１番の近道です。
　段階的に難易度を上げていけるよう紹介していますので、子どもの体力に合わせて継続して楽しめるように調整してください。
　このセクションの最後には「投げる動作」の方法も紹介しています。実際クラブでも指導しているやり方で、幼児でもできるようシンプルにポイントを説明しています。紹介するボール遊びの中にも投動作を含むものもありますので、それらの遊びがさらに楽しくなるように練習してみてください。

風船を使った遊び

　風船はあまりスピードが出ず、当たっても痛くないので、ボール遊びの導入としてはもってこいです。後で紹介する風船にテープを巻いて遊ぶ方法では子どもに合わせて難易度が設定できます。

風船でリフティング
(ア)　いろいろな部位で触ってみる

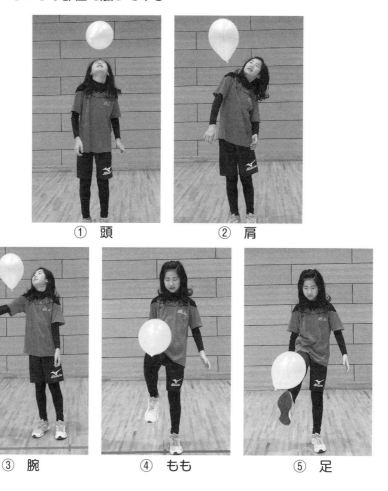

①　頭　　　　②　肩

③　腕　　　　④　もも　　　　⑤　足

（イ）いろいろな場所でやってみる➡線の上や平均台の上を歩きながらや、階段の上り下り。

（ウ）数を増やしてみる➡2個や3個を同時にリフティングしてみる。

（エ）友達と一緒に➡（ア）（イ）（ウ）の要素を加えて複数人でやってみる。

風船にビニールテープを巻くとビーチボールのようになるぞ！
この風船も使って挑戦してみよう！

新聞紙を丸めてボール遊び

　新聞紙は丸めると重さも出て、飛ぶ速さも出るようになるので、ボールにより近い感覚で遊ぶことができます。軌道イメージもよりボールに近づき、その分、身体移動と調整が難しくなります。風船と一緒で柔らかいので、当たっても怪我をする心配もありません。室内で遊ぶことも可能です。形や硬さ、大きさが自由に変えられるので、さまざまな新聞ボールのバリエーションで遊んでみましょう。

お手玉

　ボールを2つ持ちます。右手（左手）のボールをからだの中心付近で上に投げます。落ちてくるまでに左手（右手）のボールをからだの中心付近から投げます。投げた手とは反対の手でキャッチし、何回できるか挑戦してみましょう。

Point
- 目線は手元ではなくボールを見よう。
- ボールを投げるタイミングはボールが頭を超えて最高点に達したあたりで投げる！

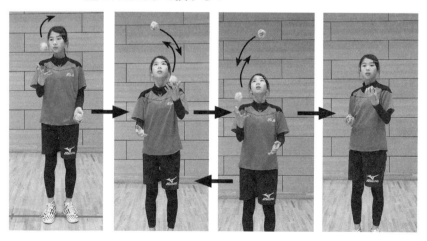

応用
- 片手だけでやってみよう。
- 新聞ボールの大きさを変えて挑戦してみよう。大きいボールと小さいボールを組み合わせて行うとより難易度が上がるぞ。
- ボール3個でもやってみよう。

スローキャッチ

ボールを上に投げ、落ちてくる間にいろいろな動作をやってみよう。

① 拍手

② ジャンプ

③ 回る

④ しゃがむ

⑤ 前転・後転

①〜④は落ちてくるまでに何回できるか挑戦してみよう。

Point ボールを真上に投げられるよう腕をまっすぐ振り上げよう。

応用

ボールを遠くに投げて、取るまでにどれだけ進めたかで競うこともできます。投げる力加減と自分の足の速さを知るための良いきっかけ作りになります。

バレーボール

数人で円になります。新聞ボールが地面に落ちないよう手で弾いてラリーを続けましょう。

Point 力を加えないとなかなか飛ばないので目一杯弾こう。

応用

利き手と逆の手で遊ぶと協調能力UP！

的入れゲーム

ゴミ箱を用意します。新聞ボールを何個か用意してゴミ箱に投げ入れましょう。ゴミ箱の高さ、距離、向きを変えて何個入るか競い合ってみましょう。

Point ボールがどこに落ちたかを確認して、次投げる時の力加減をしっかりイメージしよう。距離感や軌道を思い描く能力の向上につながります。

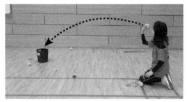

応用

もう1人がゴミ箱を持ってボールをキャッチしてみよう。ペアでどれくらいの距離まで離れられるか挑戦だ！

新聞落としゲーム

　新聞ボールを何個か用意します。ペアで向かい合い、1人がボールを投げ、もう1人が、そのボールを叩き落とします。用意したボールがなくなったら攻守交代をし、用意したボールのうち、何個叩き落とせたかで競いあってみましょう。

Point
- ボールに「タッチ」する感覚で叩き落とそう。
- 足を素早く横に動かしてボールに近づこう。

応用
- 投げる距離を近くすると難易度がUPします。
- ボールにしっかりと反応できていれば、上から投げてみるのも良いでしょう。
- 「特訓」という形で、ノックのように立て続けにボールを投げる練習をしてみても良いでしょう。

ボールを使った遊び

ミニテニス

　地面にコートを描きます。ボールを手で弾いて相手と打ち合います。ボールが相手のコートに返らなかったり、ラインの上やコートの外に打ち返してしまうと相手の得点になります。2人で何点先取で勝ちになるかを決めてやってみましょう。

Point なるべくボールの近くで打つように心がけよう！

応用
- 「田」の字のコートを作って4人でやってみよう。個人戦や、対角線上に向かい合うペアをチームとしたりすると楽しいです。
- 足を使ってやってみよう。
- いろいろなボールでやってみましょう。大きいボールだと腕の力がより必要になってきます。

バレーボール

数人で円になります。ボールを手でトスしてラリーを続けます。最初はワンバウンドをさせて行ってみましょう。

Point
- 声をかけあってコミュニケーションをとりながらラリーを続けよう。
- ボールはなるべく自分の近くで弾こう。

応用
- 範囲を区切って、コート内で行ってみるのもよいでしょう。
- 手だけではなく、頭、足、肩などいろいろな場所でトスしてみよう。

ボールの投げ方

　ボール投げは新体力テストの項目にも入っています。そもそもボールを投げる遊びは限られているため、投げる動作を普段からやっているかどうかで能力に差が出やすい動きです。特に女子はボールを投げる機会が男子に比べて少ないため、ボール投げの結果が低くなりがちです。ちなみにこれは世界中どこでも同じ問題が起こっているらしく、女子のボール投げの向上は運動教育の重要な課題でもあります。

　野球やソフトボールなどの球技を行っている子どもの投げ方も注意が必要です。小さい頃から悪いクセをつけてしまうと後からでは修正しにくくなります。正しい投げ方をしていなくても慣れてくればある程度は投げられるようになるため、オーバーユースにもなりかねません。もう1度投げ方を見直してみましょう！

　実は、ボール投げはシンプルな動作です。多くの子どもが腕だけで投げてしまう「手投げ」ですが、そこにからだを回す運動を加えることで劇的に変化します。ここではその回る動作に注目して段階を追って投げる動作が覚えられるよう紹介していきます。

　からだの使い方のコツを覚えれば短時間で上達します。

　バランス良くからだを使うために利き腕だけではなく、逆の腕でも投げてみましょう。

1　投げる方向に対して横を向く。
　　・ボールを後頭部にくっつける。
　　・手を投げたい方向に伸ばす。
　　・胸をしっかり張る。

2　片足を上げてバランスをとる。
　　・手は上げたまま。
　　・顔は投げたい方向を向く。

3　足を前に踏み出して着地する（この時にからだが前に行き過ぎないように注意）。

4　からだを回旋させてボールを投げる。

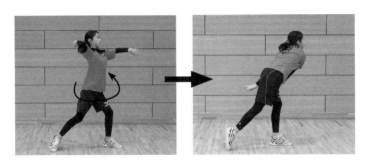

対人遊び

　運動遊びは仲間でやる遊びが多く、相手の動きに合わせて自分のからだを動かす能力が必要とされます。そして相手に勝つためには相手の裏をかくような動きをしなければいけません。そのためには反応力、からだをコントロールする力、判断力などが必要とされ、それらを組み合わせた素早く力強い動きが求められます。

　その最初の段階として、2人で遊べる対人遊びを紹介します。これは後に紹介する集団遊び、鬼ごっこにも含まれる要素がたくさんつまっています。自分の動きに必死になってしまうと相手が見えなくなってしまうので、まずは相手をよく観察しながら動いてみましょう。親子で遊ぶのもいいかもしれません。

　駆け引きを楽しみながら行ってみましょう。

ミラー遊び

　ラインを挟んで2人で向かい合って立ちます。1人が「攻め」役、もう1人が「守り」役になります。「攻め」が動き始めてゲームがスタート。「守り」は相手の動きについていき、なるべく相手の動きの真似をします。「攻め」が横に動いたりしゃがんだり回ったりすれば同様にその動作をします。

Point
- 「攻め」は相手のバランスが崩れた瞬間に大きく動いてひきはなそう。
- 「守り」は相手をよく見て、細かく動いて相手の動きに対応できるように準備しておこう。

応用
- 横の動きだけではなく、前後の動きでも行ってみましょう。
- 「守り」が「攻め」の後ろについて相手の背中についていく遊び方もあります。
- 正面で向かい合いドリブルの真似っこをするのも良いでしょう。

手押し相撲

両手の平を相手に向けた状態で向かい合います。手で押しあって相手のバランスを崩します。足が動いてしまうと負けになります。

Point

フェイントを入れて押しと引きのバランスを考えながら戦ってみよう！

応用

- 3人（またはそれ以上）でやってみよう。協力しながら片手で押しあうこともできます。
- 片足や蹲踞（そんきょ）の体勢で行うとバランス能力向上に役立ちます。
- 力の差がある場合にはハンデとして一方だけが体勢を変えて行う方法もあります。

足押し相撲

足を伸ばして向かい合います。相手の足を押しながら相手のバランスを崩します。上げている足がついてしまったり、軸足が動いてしまうと負けてしまいます。

Point

- 軸足を少し曲げて、からだ全体を使ってバランスを取ろう。
- 1つのサイドからではなく、いろいろな方向から押してみよう！

応用

ペアで肩を組みチーム戦で戦ってみてもおもしろいでしょう。2人で協力しながらバランスをとると一体感が生まれ、また別の楽しさが生まれます。

タオル相撲

　タオルをクロスさせた状態で持って向かい合います。タオルを引いたり緩めたりしながら相手のバランスを崩します。足が動いてしまうと負けになります。

Point

- 相手のバランスが崩れた時がチャンス！
- タオルをうまく操作して相手を一気に倒そう。
- 股関節と膝を曲げて重心を低くすると倒れにくくなるぞ！

応用

- 片足や蹲踞（そんきょ）の体勢で行うとさらなるバランス能力の向上につながります。
- 3人（またはそれ以上）で行ってみても面白いでしょう。大勢で行う場合は、負けた人をお休みにして、チャンピオンを決めるなどすると盛り上がります。
- チーム戦で行うと味方同士で協力する楽しさが生まれます。

ケンケン相撲

腕を前で組み、片足で立って向かい合います。この状態で動きながらぶつかり合い相手のバランスを崩します。浮いている足がつく、または倒れてしまうと負けになります。

Point　低い体勢から相手を押すと力が伝わりやすいぞ！

応用
- 最初は手だけで押し合ってみるのも良いでしょう。
- 3人（またはそれ以上）で行ってみましょう。その際は倒れた人につまずいて転ばないように気をつけましょう。

鬼ごっこ

　鬼ごっこは遊びの王様とも呼ばれるだけあって、非常に多くの遊び方があります。その種類は元となる形のものだけでも500種類以上あると言われており、集まった人数、年齢、地形、道具の有無などによって遊びをアレンジしていくことでいくらでも遊びを作ることができます。そして子ども達の絶大な人気もさることながら、遊びの中に含まれる運動価値も非常に高いのです。

　鬼ごっこは単純な「鬼」が追いかけて「子」が逃げる追いかけっこではありません。走りの中で緩急をつけたり、あらゆる方向へ切り替えしたりと、子ども達をよく見てみると一生懸命走り方を工夫しています。また大勢で行う場合は、相手にぶつからないように絶妙なスピードコントロールやかわす身のこなしの動作が求められます。これらの動作はあらゆるスポーツの基礎をなします。動きが単一的になりがちな1つのスポーツからはなかなか得られない動作です。スポーツに必要な基礎体力が身に付くのはもちろん、転ばない、ぶつからないといった危機回避能力の向上にもつながります。

　鬼ごっこは素早い状況判断を求められるのも特徴的です。相手の動きを予測して先回りしたり、相手の一瞬の隙をついて逃げたり、時には相手に気づかれないように後ろからゆっくりと近づいたりと、とてもスリリングな場面がたくさんあります。その場面をたくさん経験することで、不審者が近づいてきた場合とっさに反応して逃げるなど、防犯にも役立ちます。

　集団で遊ぶ鬼ごっこではコミュニケーションも促進されます。自分より足の速い「子」が逃げていても「鬼」が2人いればその「子」を「はさみ打ち」して追い詰めることができます。逆に「子」は「おとり作戦」を使って鬼の気を散らして逃げることもできるでしょう。チーム戦で行

う鬼ごっこでは必然的に味方同士でコミュニケーションが生まれるものです。それは友達同士で楽しく遊ぶためや、チームスポーツを行うにあたって必要な社会性を育むことにつながります。

　スポーツをする上で必要なからだ作りの遊びとして、駆け引きを楽しみながら遊べる鬼ごっこは最適な遊びといえるでしょう。鬼ごっこに見る巧みな動きと素早い状況判断はサッカーやラグビーといったスポーツで見るプレーそのものです。現にサッカーやラグビーチームなどでは鬼ごっこをジュニア世代のトレーニングとして取り入れているところも多くあります。体育でもチームスポーツを理解するための授業で低学年では鬼ごっこがカリキュラムに採用されていることを見れば鬼ごっこの有効性がわかります。

　ここでは少人数から多人数で行える鬼ごっこを紹介していきます。鬼ごっこは相手と触れ合うことが基本の遊びです。人と人とが触れ合うことで、信頼や安心感を生み出し自然に笑みがこぼれます。スキンシップを楽しみながら、仲間、親子、世代を超えてたくさんの人と楽しんでみてください。

背中タッチ鬼

向かい合って握手をします。手をつないだまま、反対の手で相手の背中をタッチしにいきます。相手のタッチをよけながら、先に相手の背中をタッチした方が勝ちになります。

Point

- つないでいる手をひっぱったり、力を緩めるなどして相手のバランスを崩そう。
- フェイントを入れたりしながら相手の動きをよく見て動いてみよう。

応用

- 触る場所を、お尻や膝裏などにするとまた違う動きが出て楽しく遊べます。
- 後ろにタオルやビブスなどをつけて取り合う方法もあります。

みんなで背中タッチ鬼

数人でコートの中に入ります。全員で背中タッチ鬼を行います（手はつなぎません）。相手の背中にタッチすると1点になります。逆にタッチされると－1点とし、何点取れるか競い合ってみましょう。

Point

- 人とぶつからないように周りをよく見よう。
- 相手の裏側に素早く回り込む！

応用

- コートを狭めると頻繁に切り返すようになるため、スリリングなゲーム展開を楽しめます。
- チーム戦でAチームはBチームの人をタッチするようにして、チームで何点取れるか競い合うのも良いでしょう。

じゃんけん鬼

ペアで向かい合ってジャンケンをします。ジャンケンで勝った（負けた）方が鬼になり、負けた（勝った）方の子を追いかけます。タッチされてしまったらもう1度ジャンケンをして遊びを繰り返します。これをコート内で行います。コートの広さは人数によって調整します。

Point
- ジャンケン後すぐに反応できるように準備しておこう。
- 大勢で行う場合は人とぶつからないようしっかりと周りを見るようにしよう。

応用
3人で行い、人数が多い方が（勝ちが2人の場合はその2人で）追いかけると、協力しあって鬼ごっこをする楽しさを味わえます。

人を壁がわりに使うと逃げやすくなるぞ！

ことろことろ

　5～8人くらいで列を作ります。1番先頭の人が「親」、残りは「子」になります。鬼は親の目の前に立ってゲームがスタート。鬼が1番後ろの「子」をタッチするか列を崩すと鬼の勝ちになります。

Point

- 「親」は後ろの「子」を守るためにしっかりと手を広げよう。
- 鬼は列を左右に振りながらバランスが崩れた時に勝負を仕掛けよう！

応用

　2人組になり列を作ります。鬼ペアと親子ペアを決め、鬼ペアは親子ペアの「子」をタッチしに行きます。鬼に捕まったら、鬼を交代して鬼ごっこを続けます。

突破鬼

　線を1本引きます。鬼を1人決め、線の上に立ちます。子は線の上の鬼にタッチされないようにコーンの間を走り抜けます。タッチされてしまったら「子」も鬼になりゲームを続けます。何回か続け、最後に残っていた子が勝ちになります。

Point

- 通り抜ける際は周りの人と協力して鬼を混乱させよう。
- 鬼も連携をとりながら突破できるスペースをなくしていきましょう。

応用

- 最初から鬼を数人置いておき、タッチされたら鬼と交代しても良いでしょう。
- 線を複数引いて楽しむのも良いでしょう。
- 鬼同士、手をつないだ状態で遊ぶ方法もあります。

ネズミとネコ

　ネズミとネコを決めて他の人（5〜8人くらい）は円になり手をつなぎ「壁」になります。ネコはネズミを壁の周りで追いかけます。壁の人はネズミが通る時は助けて、逆にネコが通る時は邪魔をします。ネコがネズミを捕まえることができたらネコの勝ちになり、壁役の中からネズミとネコを決め直して遊びます。

Point
- 壁役の人はネズミに声をかけてどこが開いているか教えてあげよう！
- 壁は時にはネコにも優しくなろう。特にネズミが速い子の場合は壁役がネコを助けてあげることも必要です。

応用
- ネズミを2人にして遊んでもおもしろいぞ。
- 2重円にしてネコとネズミをそれぞれ2人ずつ出しても良いでしょう。

氷鬼

みんなが知っている鬼ごっこですね。ここでは凍り方と助け方のバリエーションを増やして体力向上につながる遊び方を紹介します。

①お尻だけを地面につけて座ります。助けるときはお尻を軸にして1回転させます。

②手を広げて立ちます。手の下をくぐって素早く1周して味方を助けます。

③足を広げて立ちます。またの下をくぐると復活です。

④片足を上げ、体を傾けてバランスをとります。浮いている方の足をタッチすると復活できます。味方がタッチしやすいように高く足を上げましょう。

⑤腕立て伏せの最初の格好をします。助けるときはこの下を素早く味方がくぐります。

チームで氷鬼

氷鬼を応用した遊びをもう1つ紹介します。

2チームに分かれ、各チームで鬼と子を決めます（鬼の数はチームの2/3人まで）。A（B）の鬼はB（A）の子を追いかけます。

ところてん鬼

　ペアを作り隣同士で座って「島」を作ります。鬼と子を数人決めて鬼ごっこをします。子は島に逃げ込むと捕まらなくなります。子が島に逃げ込むと反対に座っていた子が押し出され鬼に追いかけられる番になります。子は捕まったら鬼を交代し鬼ごっこを続けます。

Point
- 島の人も周りをよく見て、すぐに動ける準備をしておこう。
- 鬼は、島から押し出される人を予測して先回りして捕まえよう。

応用
　島の形を縦の列にしたり、ねころんだ島にすると別の動きが楽しめます。

巴鬼

　3チームに分かれます。A（チーム）→B→C→Aといった具合に鬼ごっこをします。氷鬼の要領で捕まったら座り、味方がタッチをすることで復活します。制限時間を設け、タイムアップ時に何人生き残っていたかで競いあいましょう。

Point
- 周りをよく見て状況をイメージしながら遊ぼう。
- 座っている人も状況を確認して、助けを求めるのはもちろん、味方に指示を送ってみよう。

応用
　人数が多い場合は4チームでA→B→C→D→Aといった具合に相手を追いかけてみてもおもしろいでしょう。

スポーツ鬼ごっこ（© 一般社団法人鬼ごっこ協会）

2つのチームに分かれて相手陣地のTサークルにある「宝」を取りに行きます。時間内に多くの「宝」を取った方が勝ち！

ルール

① 1チーム7人（8、9人でも可能）で自陣のSエリアからスタートする。

② 時間は前後半各5分。

③ **守り**：センターラインを境に、自陣の「宝」を取りにきた相手を両手でタッチし、「宝」を守る。ただし自陣のTサークルには、「宝」を守っている人は入れない。

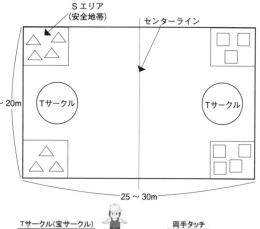

攻め：相手陣地に入り、タッチをかいくぐって宝を取る。相手陣地のSエリアは安全地帯。Sエリア内はタッチされず捕まらないので、上手く利用して宝を取りに行く。

（© 一般社団法人鬼ごっこ協会）

④ タッチされた人は、一度コートの外に出て、自陣のSエリアに戻り再スタートする。

⑤ これをコート内で行う。

＊公式ルールは鬼ごっこ協会ホームページ（http://www.onigokko.or.jp/）を参照

Point
● 相手をタッチすると一時的に相手チームを少なくできるぞ。チームでタイミングを合わせて宝を狙おう！
● 守りはなるべく相手の正面に入って守れるように、いつでも動ける準備をしておこう。タッチは両手でしっかりしてね！
● センターラインを境に攻守が入れ替わる。守りの人数を確保しつつなるべく多くの人数で攻められるようにみんなで作戦を考えよう。

Column3 ケガをするのも経験のうち？

　とある小学校に運動遊びの指導に行った際に、子ども達がとても元気に駆け回っていました。その姿をみて校長先生が、「こんなに楽しく子ども達が遊べるのであれば、倉庫にしまっていた竹馬や一輪車も子ども達に開放したいと思います！」とおっしゃいました。詳しく話を聞くと、それらの遊びはケガをする可能性のある「危険」な遊びであるため、子ども達が触れられないよう倉庫の奥にしまっておいたそうです。

　子ども達のケガや周りへの過度の配慮により、本来すべき運動経験が子ども達の中から消えてきています。遊びの中で、ケガをしても自分達で対処することや、「これ以上行ったら危険だな」と危険を察知して事前に回避する能力は、ある程度の「危険」を伴った遊びの中から培うことができます。危険を察知する能力は子どもが不審者から逃げるために防犯上の安全でも必要になってくる能力です。「かわいい子には旅をさせろ」というように勇気を持って見守ることも必要なのかもしれません。

第4章
実践編3
明日のための
トレーニング

遊びで競争していると自然に勝ちたくなるもの。
そんな子のためのトレーニングを紹介します。
チャレンジしながら苦手な動きを克服していきましょう。
きっと遊びがより楽しいものになるはずです。
コツコツ続けてみましょう。

年代に合ったトレーニングを！

　トレーニングというと重いダンベルを持ったり、腕立て伏せを何十回も行ったりと、きついことをするイメージを持たれる方も多いと思います。確かにトップアスリートは日頃から厳しいトレーニングに励んでいます。しかし、トレーニングとはきついことをするのが目的ではなく、からだを強くするために行うものです。それぞれの子どものからだに合ったトレーニングがあります。

　前章で紹介したように子どもにとって１番良いトレーニングは「外遊び」です。昔は木々が生い茂る林の中では木登り・探検ごっこ・昆虫採集、空き地では三角ベースやSケン、路地裏では馬跳びやメンコなど、からだを総動員して遊ぶ遊びがたくさんありました。

　いろいろな遊びの中で動きを覚えていき、自然と体力が身に付く環境がありました。

　しかし今は、放課後は塾や習いごとで時間のない小学生も多くなっていますし、都会では安全に遊べる場所もありません。自然にからだを動かす環境が少なくなってきていることを踏まえると、あえて「トレーニング」を行っていく必要性が出てきているのかもしれません。

　ここで紹介するトレーニングは特別な道具を使わずに、簡単に行えるようなものを用意しました。今までに紹介した遊びでも十分なトレーニング効果はありますが、「もっと動けるようになりたい！」と思う子どもたちのために紹介します。

　中にはアスリートのトレーニングとして活用しているものもあります。チャレンジしてみましょう！

腹式呼吸

（腹式呼吸ができると体幹が安定して力を出しやすくなるぞ！）
- 仰向けで膝を曲げて寝てリラックスします。
- ゆっくりと大きく息を吸ってお腹を膨らませます（風船を膨らますようなイメージで、胸が膨らまないように）。
- お腹の中に入れた空気を、細く長くゆっくり吐いて行きましょう。

Point
- 息を吐くときは、お腹にある空気を絞り出すように吐いていってみよう！
- 本などをお腹の上に置いて呼吸するとできているかどうかわかりやすいよ。

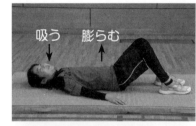

タオルギャザー

長めのタオルを用意し、足の指をタオルの端に置きます。
足の指の曲げ伸ばしを使ってタオルをつかみ、たぐりよせます。

Point
- 指だけでなく、足裏全体（小指側も）を使ってみよう。
- 踵の位置が動かないように気をつけよう。

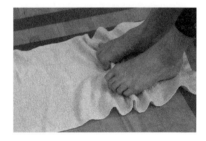

ケンケン

- 片足立ちでバランスをとり、ついている方の足で地面をしっかりと蹴って進もう(上げた足はからだの後ろ)。
- 前向きだけではなく、横向き、後ろ向きでも進んでみよう。

Point
- 横向きで進む時は爪先と体の向いている方向を合わせよう。
- 反対の足を勢いよく振り出して反動をうまく使おう。
- 走る時と同様に手をしっかりと振って進もう。

雑巾がけ

- 四つんばいの状態から雑巾を頭より前に置いて、膝を床から少し上げます。
- 肘を曲げずに膝をまっすぐ前に出して地面を蹴って進みましょう。

Point
- 手(雑巾)が常に頭の前に来るようにしよう。
- 膝が開かないようにまっすぐ足を出すことを心がけよう。
- 腰の位置が高くなり過ぎないように!

背面キャッチ

①ボールを上に投げて背面でキャッチしよう（写真）。

②ボールを地面にバウンドさせて股の間を通して背面でキャッチしよう。

　背面からは同じように前面に投げてみよう。

Point
- 肩甲骨を寄せて腕をしっかりと後ろに伸ばそう。
- 背中が丸まらないように注意しよう。
- 膝を上手く使って投げてみましょう。

逆立ち（壁倒立）君は何回できるかな？！

①壁倒立をして、足を横に開く・閉じる「グーパー」運動をやってみましょう。

Point
- 体が傾かないように軸（写真）を意識しよう。
- 足はしっかりと開くぞ！

②壁倒立の状態から片方の手を上げて「足踏み（手踏み）」をやってみましょう。

Point
- 手をあげる時は軸手の方へ体を移動させてバランスを取ろう。

ニー・ベント・ウォーク

　肩幅に足を開いて、膝と股関節を曲げます（後ろの椅子に座るようなイメージ。これをパワーポジションと言います）。この姿勢を維持したままゆっくり前に進んでいきます。目線や腰の高さを一定に保つように進んでいきましょう。

Point

- 出した足の膝がつま先より前に出ないようにしましょう。
- 腰が反ったり、丸まったりしないように気をつけよう。
- 膝とつま先の方向が進む方向を向くようにしましょう。
- つま先をしっかり上げて踵から着地しよう！

バックペダル

　パワー・ポジションを作ります。
　後ろに倒れそうになるくらいからだの位置を後方へ置きながら、足でペダルをこぐように後ろに細かく速く地面をけって走っていきます。

Point

- 背中が丸まらないように気をつけよう！
- 足を速く動かすために、腕をしっかり振ろう！

スキップ

　リズム良く大きく腕を振ってやってみよう！（上の腕は耳辺りにくるまで大きくあげましょう）

　リズムの変化（速い・ゆっくり）をつけたり、後ろ向きスキップでも同様にできるか挑戦してみましょう。

　他には、遠くに飛ぶスキップや高く飛ぶスキップを練習すると地面を蹴る感覚がより一層高まります。

Point
- 腕でからだを釣り上げるようにしてみよう。
- 後ろにある足を素早く前に引き出そう。

フロントプランク

　うつ伏せになり、両肘を肩の下に合わせます。上半身を持ち上げてからだを一直線にし、その状態をキープします。

　まずは、30秒を目指してみよう！

Point
- 姿勢を維持するために下腹部・お尻に力を入れ固定する。
- 全身を固めるのではなく、体幹部分だけに力を入れるようにする（腕などはリラックス）。

股関節の運動（レッグローテーション）

仰向けで寝転がり、片足を伸ばしたまま上げる（可能であれば足首に力を入れて90度のままキープしよう）。

膝を曲げずに、股関節から内側→外側に回旋させる。

目安回数：片側20回×2セット

Point
- 踵から股関節までを1本の棒のようにして、踵を中心にクルクル回転させる。
- できる人は動きにメリハリをつけて（いっきに動かして止める）行おう！

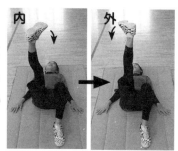

肩関節の運動（スパイン・エンジェル）

仰向けでバンザイした状態からスタート。

肘を床から離さないようにしながら、肘をからだに付けるように動かす。これを繰り返します。

目安回数：12回×2セット

Point
- なるべくゆっくり大きく動かす事を意識しよう！
- 腰が反ってしまう場合には両膝を立てて行ってください。
- 大きく動かせない場合には、手を広げた状態で大きく深呼吸をしてみよう！　固い筋肉がストレッチされて動かせる範囲が広がるよ！

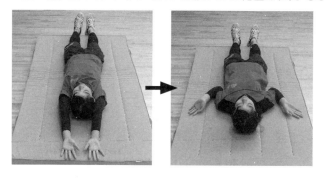

反応速度トレーニング（ペンキャッチ）

キャッチする人は手を伸ばし構える。もう1人はペンを人差し指の上に合わせてセットする。

「いくよ！」と声をかけてからペンを離し、そのペンをキャッチする（離すタイミングはお任せ！）。

Point
- ペンが落ちてから速く反応してキャッチする。
- 慣れてきたら腕の位置を変える（正面・右・左など）。

Column4 身体能力の低いアスリート？！

長年厳しい練習をこなしてきたアスリートでさえも、本来備わっていなければいけない基礎体力が欠けている方が多くいました。子どもの頃に多様な運動経験がなかったことが1つの理由としてあげられました。もちろん大人になってからも基礎体力は身に付けられますが、ある程度からだは完成されてしまうため、子どもよりも困難になるのは前述した通りです。逆に基礎体力がしっかり備わっている選手は、やはりパフォーマンスも高い人が多く、入念なストレッチ、地味な筋力トレーニングを繰り返したりと基礎・機能的な運動機能を高める練習を行っていました。子どもであればたくさん運動遊びを行うことでこれらの能力を高められるのはもちろんですが、第3章で紹介した動物トレーニングも効果的です。子どもの頃は競技の技術を身に付けることよりも、しっかりとした体力の土台を作ることが将来の可能性を広げると思います。

おわりに

　以前、トレーニングの一環として子ども達に紙風船を渡した時のことです。数人の子ども達がすぐに紙風船を叩き割りました（紙風船の膨らませ方もわからない子もいましたが…）。この光景にショックを受けたのを覚えています。紙風船で遊んだことがないのも理由の一つでしょう。「どうやったらこれで楽しめるのかな」「どのように扱えば割れないで使えるかな」などの発想があれば、モノを大切にし、すぐ叩き割ったりせずに紙風船を楽しめたと思います。壊れれば新しいものが手に入る。「与えられ過ぎている」という環境が体力の低下につながっているのではないかと考えることがあります。

　スポーツの現場では指導を与え過ぎている場面をよく見かけます。目先の試合をメインに考えて子ども達に勝つための戦術を教え込み、試合では大人のプラン通りに動かす。確かに試合に勝てる可能性は高まります。ただ、一人の選手として長期的に見た時、応用の利かない頭でっかちな選手になってしまいます。

　こうした経験を重ねた子ども達の自発性が次第に欠落していくのが非常に心配です。与えられるものが少なかった時代は自分たちで面白いものにするために考え、試行錯誤しながらからだを動かしていたと思います。現在は与えられなくなると何もできなくなってしまいます。それでは一人の選手として自立していくことがより難しくなります。

　体力の向上をはかるためには子ども達の頭とからだをいかに自発的に動かせるようにするかが鍵なのです。トレーニングの原理の中に「オーバーロード（過負荷）の原理」というものがあります。既に持っている能力を使っているだけでは能力の向上は期待できません。ステップアップするには、からだにも頭にも適度に負荷をかけていくことが大切になってきます。

私はアスレティックトレーナーとしての知識や経験を伝えていくために2014年に「アスとれ総合型クラブ」を設立しました。スポーツをツールとし、クラブとそのメンバーが地域から必要とされ応援されるクラブを目指して活動しています。クラブでは、月ごとにテーマ種目を決め、さまざまな種目を遊びながら体験し、からだを動かす楽しさを伝えています。本書の遊びは実際にクラブで指導しているものが多く盛り込まれており、メンバーのトレーニングとしても活用していて、「スポーツ鬼ごっこ全国大会」では最多優勝回数を誇っています。将来、クラブからプロアスリートが生まれることを期待しています。

　遊びで必要なのは、遊びを押し付けて体力向上につなげる指導ではなく、子ども達が「楽しかった！　またやりたい！」と思えるようにする働きかけです。指導者自身が試行錯誤しながらアレンジして遊んでもらえたらと思います。

　この本を出版するにあたり多くの方々に関わっていただきました。日頃からクラブ活動にご理解とご協力をいただいているメンバーとそのご家族、クラブ活動を支えてくれているスタッフ・山梨学院大学の学生コーチ達、一部執筆をご快諾いただいたスポーツドクターの河野秀樹先生、出版の機会をくださったいかだ社の新沼光太郎さん、そしていつもそばで支えてくれている家族、共著者の大﨑恵介さんに感謝いたします。本当にありがとうございました！

　この小さなきっかけが、子ども達の笑顔を増やしていくことになればと心から願っています。

2016年3月

日本体育協会公認アスレティックトレーナー　花輪和志

【プロフィール】

花輪和志（はなわ　かずゆき）
1980年、山梨県生まれ
アスとれ総合型クラブ　代表
日本体育協会公認アスレティックトレーナー
鬼ごっこ協会公認審判・指導員

大﨑恵介（おおさき　けいすけ）
1989年、愛知県生まれ
アスとれ総合型クラブ　クラブマネジャー
ヨーク大学（カナダ）キネシオロジー・健康科学学科卒
慶應義塾大学大学院政策・メディア研究科修了
鬼ごっこ協会公認審判・指導員

撮影●大﨑恵介　撮影協力●アスとれ総合型クラブ メンバーの皆さん
イラスト●種田瑞子　編集協力●持丸恵美子　DTP●渡辺美知子デザイン室

アスレティックトレーナーが教える
ケガに強くなる！　運動遊び

2016年4月15日　第1刷発行

著者●花輪和志・大﨑恵介ⓒ
発行人●新沼光太郎
発行所●株式会社いかだ社
　〒102-0072　東京都千代田区飯田橋2-4-10　加島ビル
　Tel.03-3234-5365　Fax.03-3234-5308
　E-mail　info@ikadasha.jp
　ホームページURL　http://www.ikadasha.jp/
　振替・00130-2-572993

ⓒ2016 Kazuyuki Hanawa,Keisuke Ohsaki,Printed in Japan
ISBN978-4-87051-469-0
印刷・製本　株式会社ミツワ

乱丁・落丁の場合はお取り換えいたします。
本書の内容を権利者の承諾なく、営利目的で転載・複写・複製することを禁じます。